Filosofia para crianças

De criança para crianças

Era uma vez!

A burrinha

História para colorir!

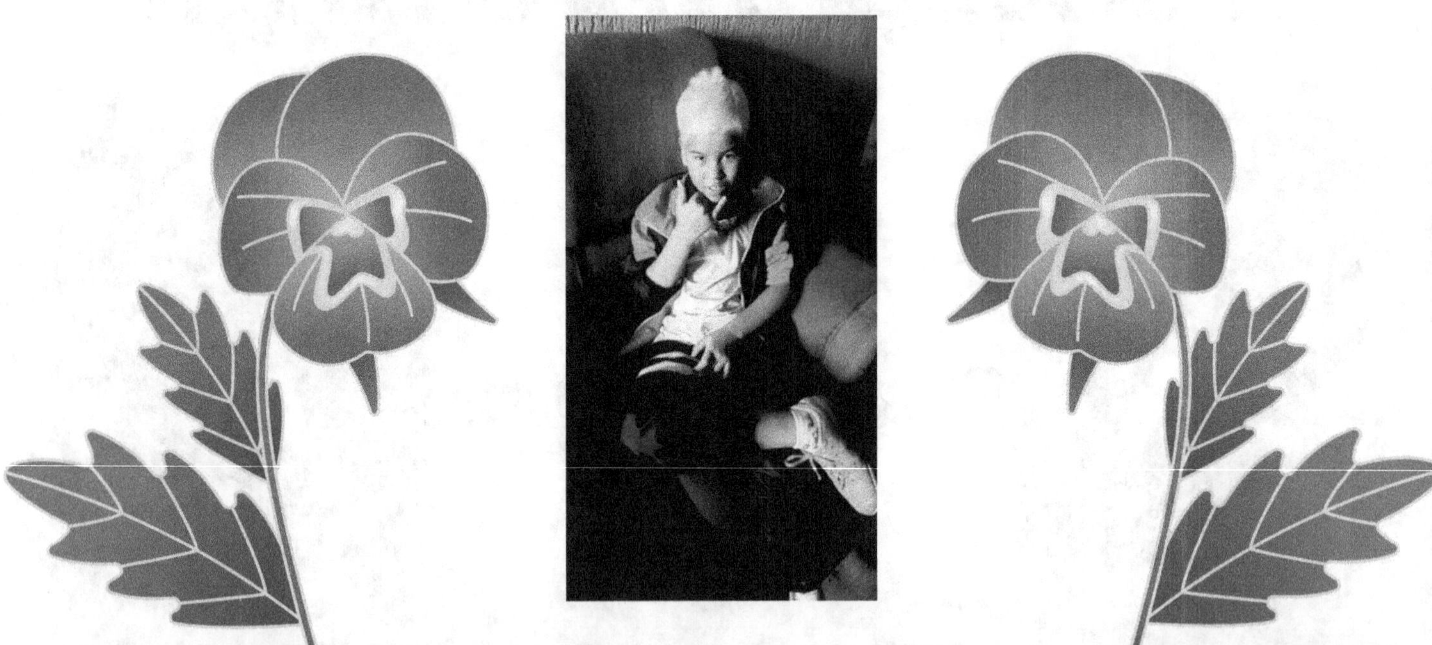

Por: Bernardo Octaviano Pereira

Este livro pertence a:

____

Eu dedico essa obra, primeiramente para os meus pais que eu tanto amo, para minhas professoras, para minhas tias de coração e para todos os meus amigos, Deus que abençoe a todos infinitamente!

Bernardo Octaviano Pereira

16/03/2024

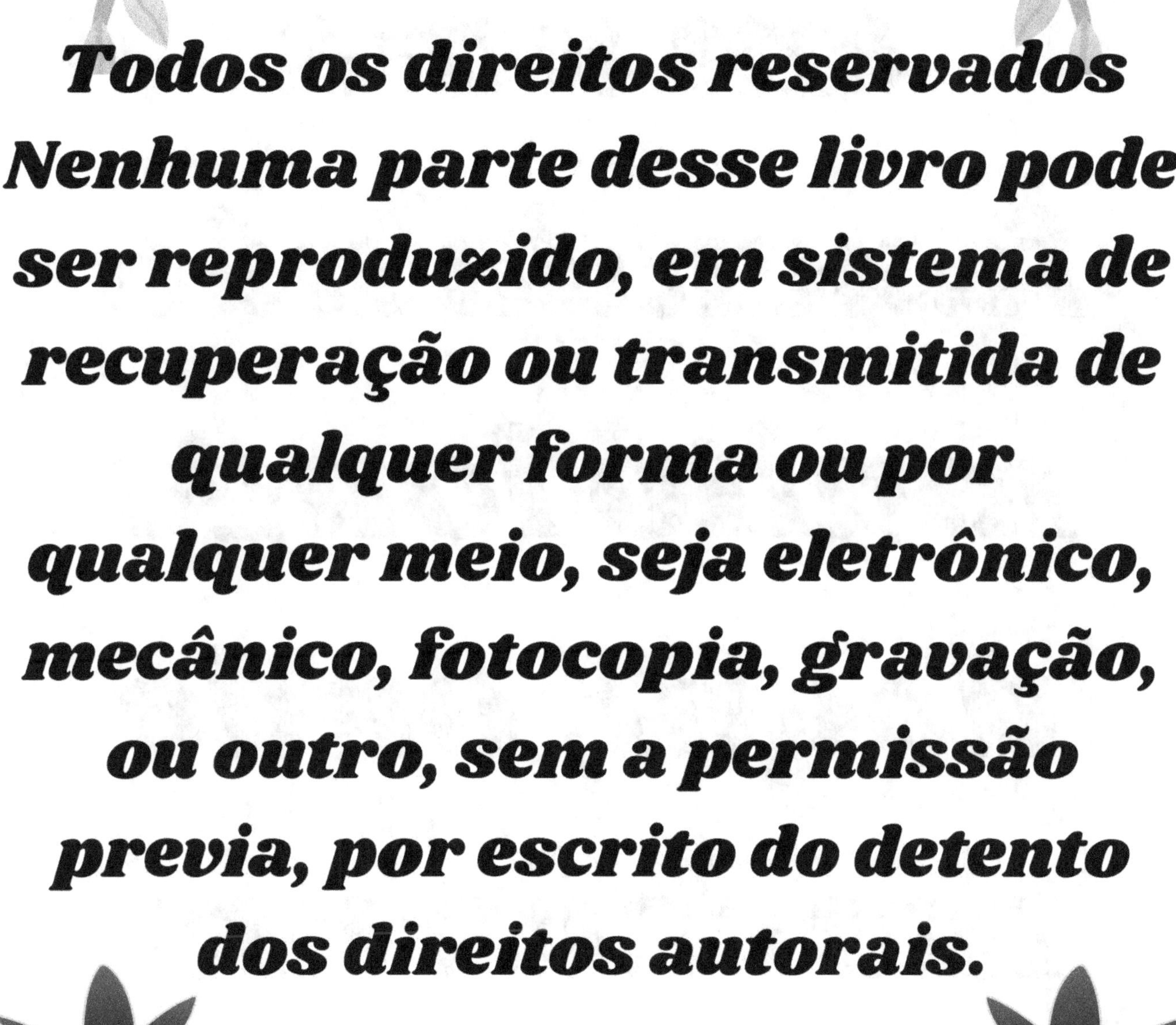

Era uma vez, em uma fazenda não muito longe daqui, onde morava um fazendeiro muito ruim;

Ele não gostava de nada e nem de ninguém, vivia maltratando as pessoas os empregados e os animais, e nessa fazenda tinha uma burrinha, que para o fazendeiro ela só dava prejuízo;

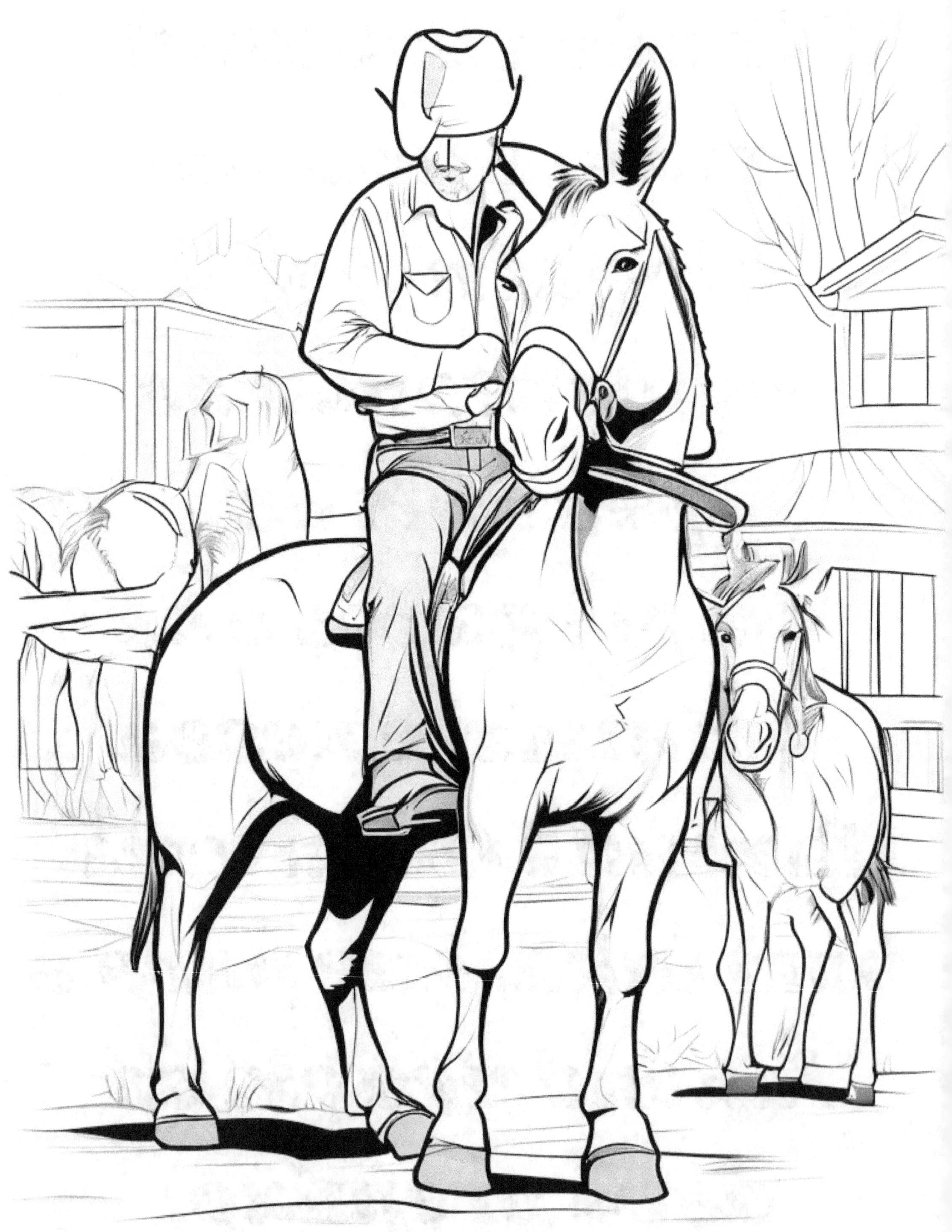

Que comia muito e trabalhava pouco, a qual o fazendeiro queria se livrar de qualquer jeito;
Um dia a burrinha se assustou com uma cobra e saiu correndo desembestada para fora do cercadinho onde vivia;

E correu para onde havia uma hortinha cheia de legumes, pisando em tudo que estava na sua frente, e acabando com a hortinha;

O fazendeiro ficou muito bravo e mandou os empregados jogar a burrinha no fundo de um velho posso seco, que não servia mais para nada;

E com muita tristeza, mesmo ser querer, os empregados fizeram, jogarão a burrinha no fundo do posso;

Os dias passavam, e a burrinha permanecia viva no fundo do poço, os dias iam se passando e para a surpresa de todos a burrinha não morria. Passaram-se vários dias e a burrinha nada de morrer, ela não desistia;

O fazendeiro, irritado pela persistência do animal, instruiu os empregados jogarem terra no posso para enterra-la viva.

E os empregados inicialmente relutantes em participar da cruel ordem do fazendeiro tiveram que fazer, muito triste os empregados iam jogando terra e a burrinha ia pisando a terra e subindo em cima dela, cada camada de terra jogada no poço era respondida com a determinação da burrinha de subir.

Entretanto, o destino da burrinha tomou um rumo surpreendente determinada a não se render, quanto mais terra os empregados jogavam a burrinha ia pisando a terra e ia subindo em cima dela, iam jogando ela ia pisando e subindo até emergir vitoriosa do velho poço;

Ao invés de continuar com sua postura cruel o fazendeiro surpreendido pela lição de resiliência e superação, decidiu liberta-la vendo a determinação da burrinha em querer viver e mandou soltar a burrinha, que está viva até hoje e todos ficaram muito feliz na fazenda.

A fazenda antes marcada pela tristeza, encheu-se de alegria. Todos aprenderam uma valiosa lição sobre superação e a importância de não desistir diante dos desafios de encontrar força na adversidade.

O fazendeiro começou e enxergar não apenas os animais, mas também as pessoas ao seu redor, de uma maneira diferente. Que essa história nos lembre da forçada da resiliência e da capacidade de transformação que todos nos possuímos, independentemente das circunstâncias.

Fim!